Klaus Eickhoff
Vom Geheimnis des Leidens
Wie lieb ist der liebe Gott?

Klaus Eickhoff

Vom Geheimnis des Leidens

Wie lieb ist der liebe Gott?

SCM Hänssler

SCM

Stiftung Christliche Medien

Dieses Werk einschließlich aller seiner Teile ist urheberrechtlich geschützt. Jede Verwendung außerhalb der engen Grenzen des Urheberrechtsgesetzes ist ohne vorherige schriftliche Einwilligung des Verlages unzulässig und strafbar. Das gilt insbesondere für Vervielfältigungen, Übersetzungen und die Einspeicherung und Verarbeitung in elektronischen Systemen.

1. Auflage 2011

© der deutschen Ausgabe 2011
SCM Hänssler im SCM-Verlag GmbH & Co. KG ·
71088 Holzgerlingen
Internet: www.scm-haenssler.de; E-Mail: info@scm-haenssler.de

Soweit nicht anders angegeben, sind die Bibelverse folgender Ausgabe entnommen: Lutherbibel, revidierter Text 1984, durchgesehene Ausgabe in neuer Rechtschreibung, © 1999 Deutsche Bibelgesellschaft, Stuttgart.
Weiter wurden verwendet: Elberfelder Bibel 2006, © 2006 by SCM R.Brockhaus im SCM-Verlag GmbH & Co. KG · Witten.

Umschlaggestaltung: Jens Vogelsang, Aachen
Titelbild: fotolia.com
Satz: typoscript GmbH, Walddorfhäslach
Druck und Bindung: CPI – Ebner & Spiegel, Ulm
Gedruckt in Deutschland
ISBN 978-3-7751-5302-7
Bestell-Nr. 395.302

Inhalt

Vom Geheimnis des Leidens 7
   Unfähig, getröstet zu werden 9
   Zerbröckelnde Hoffnungslosigkeit 11
   Keine Vertröstungen 14
   Das Leben ist kein Wunschkonzert 19
   Wunder in der Wüste 22
   Wirklichkeitssinn 24
   »Wenn du mich demütigst,
   machst du mich groß« 27
   Witze über Schwiegermütter mag ich nicht . . . 32
   Trost zulassen 34
   Geber oder Gabe? 41

Wie lieb ist der liebe Gott? 51
   Wo warst du, lieber Gott? 53
   Der liebe Gott ist tot 56
   Wer ist der lebendige Gott? 64
Anhang 75

Vom Geheimnis des Leidens

Unfähig, getröstet zu werden

»Selig sind, die da Leid tragen; denn sie sollen getröstet werden« (Matthäus 5,4).

In unseren Städten und Dörfern wird mehr gestorben, als wir wahrnehmen. Wir haben den Tod aus unserem Bewusstsein verbannt. Sterben ist ein Tabuthema. Den Freunden entzogen, eingegrenzt in den engsten Familienkreis oder ins Abseits geschoben in ein Einzelzimmer einer Krankenhausabteilung, stirbt man heute – für sich. Die Lebenden schirmen sich ab.

Als Gemeindepfarrer habe ich oft an Gräbern gestanden.

Leute, die aus Berufsgründen mit dem Tod umgehen – Ärzte, Beerdigungsunternehmer oder Pfarrer –, haben einen realistischen Begriff von der Häufigkeit der Sterbefälle an einem Ort. Dass es der übrigen Gesellschaft so gut gelingt, den Tod zu verdrängen, ist ein Phänomen. Man weiß davon, *will* aber nichts davon wissen.

Selten habe ich die Hilflosigkeit von Menschen bedrückender erlebt als an offenen Gräbern. Bei der Beerdigung versammeln sich die Trauernden. Weil sie oft keinen lebendigen Glauben haben, sind sie gegen jedes barmherzige Wort aus der Ewigkeit verschlossen. Wie soll sie das Trostwort erreichen, wenn sie den nicht kennen, der allein tröstet? So hat es sich wie eine Hornhaut um die Seelen gelegt. Sie stehen am Grab eines geliebten Menschen und können die Berührung des Ewigen nicht verspüren. Lobeshymnen auf Verstorbene taugen wenig als Trostersatz. Sie werfen den Blick zurück auf das Vergangene, nie Wiederkehrende. Trost dagegen hat den Blick nach vorn frei, sieht zukünftige Herrlichkeit.

Am Grab formiert sich die Reihe der trostlosen Tröster. Sie, die meistens keinen Glauben haben, rücken heran, geben den Hinterbliebenen die Hand und murmeln hohle Phrasen. »Mein Beileid!« »Herzliches Beileid!« Ich stehe im Hintergrund und bekomme alles mit. Wie hoffnungslos und dürftig erscheint leere Konvention gerade jetzt, da der innere Mensch nach Echtem verlangt, nach Hoffnung und Trost. Trostlosigkeit in Teilnahmeformeln verpackt aber ist Gift, das den inneren Menschen erstarren lässt. Es ist schlimm, wenn die Seele versteinert, wenn wir unfähig sind, getröstet zu werden.

Zerbröckelnde Hoffnungslosigkeit

Ein Familienvater war gestorben. Er wohnte in meinem Bezirk. Ich erhalte die Nachricht und mache den Trauerbesuch. Mir geht es nicht nur um die Formalitäten.

Die Witwe und erwachsenen Kinder umgeben mich. Sie erzählen, wie gut ihr Vater war, wie sehr sie alle an ihm hingen und von seinem unverwüstlichen Humor.

Sie reden. Ich höre zu.

»Was denken Sie, wo ist Ihr Vater jetzt?«, frage ich nach einer Weile.

Verwunderte Blicke.

»Gibt es eine Ewigkeit oder nicht?«

Von Ausnahmen abgesehen, erlebe ich auf solche Fragen hin Achselzucken, Hilflosigkeit. Auch jetzt: »An so etwas glauben wir nicht. Der Baum fällt um und vermodert.«

»Eben haben Sie noch so dankbar an Ihren Vater gedacht, und nun sprechen Sie über seinem Leben das Urteil dumpfer Sinnlosigkeit aus.«

Stille. Ich vernehme nur schwere Atemzüge.

»So war das nicht gemeint«, sagt schließlich einer.

»So aber hat es geklungen.«

Nach geraumer Zeit fahre ich fort: »Wenn wir am Ende nicht *mehr* sind als ein vermodernder Baum, welchen Sinn hätte dann alles gehabt? Sie wollen doch sicher nicht im Ernst glauben, dass Ihr Vater aufs Ganze betrachtet ein rundherum sinnloses Dasein gefristet hat.«

»So haben wir das noch nie gesehen.«

»So müssen Sie es aber sehen!«

Es ist noch stiller geworden. Alle rücken heran. Auch die, die sich in anderen Räumen aufgehalten hatten, sind auf einmal da. Mir ist, als würde die Familie in ihrem Leben zum ersten Mal von solchen Gedanken berührt.

»Gibt es nun eine Ewigkeit oder nicht?«

»Es ist noch nie einer zurückgekommen, Herr Pastor!«

»Ich bin Christ geworden und Pastor, weil *einer* zurückgekommen ist! Und die Kirche, zu der Sie doch auch gehören, existiert ebenfalls nur, weil er zurückgekommen ist.«

Sie sehen mich mit großen Augen an.

»Der, den sie für uns ans Kreuz genagelt haben, ist zurückgekommen«, sage ich leise. »Ohne ihn hätten Sie recht! Dann wäre alles sinnlos, wie ein vermodernder Baum sinnlos ist. Dann wäre das Leben Ihres Vaters sinnlos gewesen, dann wäre Ihr Leben ebenso sinnlos und auch das Ihrer Kinder. Nun aber ist einer zurückgekommen. Seine Auferstehung ist ein flammender Protest gegen alles Sinnlosigkeitsgerede! Weil er lebt, müssen Sie mit Ihrer Trauer nicht gegen die Wand fahren. Er ist das offene Tor zur Ewigkeit!«

»Das will ich hören«, sagt einer der Söhne leise. »Können Sie mehr darüber sagen?« Wir rücken noch enger zusammen. Dann haben wir ein langes Gespräch.

So etwas ist unverfügbar, und doch fügt es sich von Zeit zu Zeit. *Im Reden über Gott fängt Gott an zu reden.*

»Und es geschah, als sie so redeten und sich miteinander besprachen, da nahte sich Jesus selbst«, heißt es in Lukas 24,15. Nach einer Stunde sitzen wir immer noch zusammen. Wir spüren, dass eine neue Lage entstanden ist. Vertröstungen auf das bloße Diesseits erscheinen inzwischen hohl. Die Wand ihrer Hoffnungslosigkeit bekommt Risse. Zerbröckelt. Licht schimmert durch. Die quälende Hilflosigkeit ist ad absurdum geführt.

Der Auferstandene ist unter uns.

Keine Vertröstungen

Viele Jahrhunderte vorher hatte einer aufgeschrieben, was der Bergprediger Trauernden zugerufen hatte: »Selig sind, die da Leid tragen, denn sie sollen getröstet werden.«

Das biblische Original lässt erkennen, dass das Wort »selig« an dieser Stelle ein Glückwunsch ist: »Zu gratulieren ist denen, die trauern. Sie werden getröstet.«

Wie kann einer es wagen, Leidtragenden zu gratulieren?

Ist es nicht zynisch, Trauernden so etwas zuzumuten? Leiden empfinden wir als Fluch. Da sprechen wir unser Beileid aus, keine Gratulation. Laufen wir nicht alle vor dem Leiden davon? Und nun werden die glücklich gepriesen, die es eingeholt hat?

Wer den Bergprediger durch das Lesen im Neuen Testament und das Leben mit ihm kennt, der weiß: Zynisch zu sein, ist nicht seine Art. Wahrhaftig zu sein, barmherzig, *das* ist seine Art.

Er gratuliert nicht zum Leid. Er gratuliert zum Trost: »Denn sie sollen getröstet werden!«

Ich sehe, wie die Menschen den Mann umringen: »Herr, wie kannst du Trauernden so etwas sagen?«

»Ich kann es, weil ich das Ganze sehe. Ihr schaut auf das Leid, starrt darauf, wenn es euch überfällt. Es schlägt euch in seinen Bann. Ich aber schaue weiter, sehe den großen Zusammenhang, den ihr nicht erkennt. Darum seht ihr im Leid keinen Sinn. Ich leide mit euch, aber ich habe den Sinn schon im Blick, weiß, dass Leid in Freude verwandelt wird.«

Er bietet keine Vertröstungen. Inmitten von Trauer schenkt er ewigkeitsmächtigen Trost.

Ohne die Wirklichkeit des Auferstandenen greifen gut gemeinte Worte lieber Freunde zu kurz. Sie können guttun, können auch zeigen, dass jemand in seiner Trauer nicht allein ist, aber nachhaltig trösten können sie nicht. Ohne Christus haben wir keine Hoffnung. Ohne ihn ist die Zukunft zubetoniert. Solange wir im Unglauben verharren, verschließt uns die Mauer des Todes das Tor zur anderen Welt.

Was wir uns an den Gräbern zu sagen haben, sagt viel über uns selbst aus. Hier wird entweder der innere Reichtum eines Menschen oder seine innere Armut offenbar. Glaube oder Unglaube beherrschen die Lage, Hoffnung oder Hoffnungslosigkeit. Dazwischen gibt es nichts.

»Herzliches Beileid!« und mehr nicht.

Das ist nicht nur hilflos. Das ist trostlos. Dabei haben wir einen Schöpfer, der mitten unter uns den Namen des ewigen Lebens aufgerichtet hat: Jesus!

Alles Trostlose, Hoffnungslose an unseren Gräbern erweist sich als Betrug an Toten und an Lebendigen. Wir haben ewigen Trost, glühende Hoffnung, die Liebe des Höchsten.

Wer das nicht weiß, dem ist das Schönste verborgen.

Der Auferstandene hat den Horizont des Lebens weit aufgerissen. Aller Verwesungsgeruch des Unglaubens wird im Ansturm seiner Botschaft vertrieben. Wir werden leben, auferstehen. Das ist der Ausblick nach vorn! Das Schönste liegt nicht hinter uns. Es kommt mit Riesenschritten auf uns zu. Nun ist der Tod nicht mehr, was er einmal war. Nun ist auch unser Leid nicht mehr, was es war, und unsere Trauer ist es auch nicht. Die im Herrn sterben, haben das Leben nicht hinter sich. Sie haben es vor sich. Trauer erfährt tief greifenden Trost. Leid wird in Freude verwandelt.

Und der Tod?

Das Ende wandelt sich in einen Anfang: »Jesus lebt, nun ist der Tod mir der Eingang in das Leben ...« So heißt es in einem alten Kirchenlied. Wir singen es mit gutem Grund. »Glückwunsch denen, die Leid tragen, denn sie sollen getröstet werden.«

So spricht Jesus, der das tiefste Leid der Welt erlitten hat. Von ihm heißt es: »Fürwahr, er trug unsre Krankheit und lud auf sich unsere Schmerzen« (Jesaja 53,4).

Welch ein Schmerz der Mutter, wenn ihr Kind stirbt!

Er hat diesen Schmerz schon getragen.

Welch ein Schmerz des Mannes, wenn ihm die Frau wegläuft.

Er hat diesen Schmerz schon getragen.

Welch ein Schmerz der Kinder, wenn die Eltern sich trennen.

Er hat diesen Schmerz schon getragen.

Nehmen Sie jeden einzelnen Schmerz, jede einzelne Krankheit, jede einzelne Schuld dieser Welt, und legen Sie sie auf den Mann am Kreuz, Stück für Stück, Schuld für Schuld, Schmerz für Schmerz. Dann wissen Sie, was er getragen, erlitten, erduldet hat.

Niemand ist tiefer eingeweiht in das Geheimnis des Leidens als er. Wenn einer mit dem Leiden vertraut ist, dann der, der uns sagt: »Glückwunsch denen, die Leid tragen, denn sie sollen getröstet werden.«

Das darf in dieser Welt niemand sagen. *Er* aber, er *darf* das sagen. Er kennt den Trost. Der Weg unseres Gottes führt durch Leiden zur Herrlichkeit. Es ist auch der Weg Jesu gewesen.

Nach Karfreitag kam der Ostermorgen. Seit Gottes Sohn das tiefste Leid erlitten hat, uns aber dadurch dem ewigen Tod entrissen und das Leben gegeben hat, ist kein Leiden mehr dumpf und stumpf.

Es liegt ein Geheimnis über dem Leiden der Welt. In ihm wird der Schrei nach dem Erlöser laut. Durch Leiden wird die Hoffnung nach Ewigkeit wach gehalten. Leid muss kein Fluch mehr sein. Leiden wird sich in Segen wandeln.

Darum sagt er: »Selig sind, die da Leid tragen, denn sie sollen getröstet werden.«

Noch einmal: Das ist keine Vertröstung, obwohl das Schönste noch kommt. Der Gottesglaube ist stets vom Hier und Jetzt bestimmt. Der Glaube an den Auferstandenen, an das ewige Leben, weist uns nicht in eine ferne Zukunft. Er beschenkt auf der Stelle. Ich habe bei Traueransprachen erlebt, wie der Tränenstrom der Trauernden versiegte, wie Menschen unter Tränen lächeln konnten.

Was war passiert?

Ein Wort aus der ewigen Welt hatte sie berührt. Der Horizont der Liebe des Höchsten war aufgerissen. Die Sonne der Ewigkeit war aufgegangen. Ihr Licht tröstet wirklich und tröstet jetzt!

Das Leben ist kein Wunschkonzert

Thomas ist sechzehn Jahre alt. Die Haare sind ihm ausgefallen – Chemotherapie, Bestrahlungen. Krebs. Er sieht schwach aus, braucht immer längere Pausen, um etwas zu sagen. Dann bricht es aus dem geschwächten Sechzehnjährigen heraus:

»Warum? Warum ich? Ich möchte gerne leben! Das Schlimmste ist, meine Eltern quälen sich so sehr. Warum?«

Ich fühle mich elend, sitze da mit meinem christlichen Glauben und – weiß nichts zu sagen, jedenfalls nichts, was ihm jetzt helfen würde, was für ihn Antwort auf seine zentnerschwere Frage ist.

Ich weiß nur eins: Jetzt bloß keine Formeln, auch keine religiösen, bloß kein vorschnelles frommes Wort. Was jetzt gesagt wird, muss echt sein und ehrlich, es muss haltbar sein und tragen. Was gäbe ich jetzt nicht für die richtigen Worte. Wie gern hätte ich gesagt: »Es wird wieder werden!« Wie gern hätte ich – wie einst Jesus – meine Hände auf ihn gelegt und gesagt: »Steh auf und sei gesund!« So aber sitze ich da, kann in sein Fragen nur einstimmen: »Ich weiß es nicht Thomas. Ich frage auch: Warum? Ich weiß nur, dass *Er* es weiß – mehr nicht.«

Mein Gott, warum?

Diese Frage war damals, als ich ihn regelmäßig besuchte, längst auf mich übergesprungen, hatte sich festgekrallt, ließ mich selbst nicht mehr los.

Wenn ich dann noch bedenke, dass ich damals nur einen kleinen Ausschnitt aus dem Heer der Leidenden in dieser gequälten Welt erlebte! Millionen sterben zu früh an Krebs, an Aids, an Hunger. Namenloses Leid in unübersehbarer Menge. Allein bei dem Gedanken an ihre Zahl und Größe wird einem schwindelig, verkrampft sich das Herz.

Wenn es einen Gott gibt, warum lässt er das zu?

Ist er allmächtig, aber nicht gut?

Oder ist er gut, aber nicht allmächtig?

Solche Fragen haben Philosophen gestellt, nicht nur aus akademischem Interesse, sondern aus Betroffenheit.

Schon die alten Griechen gaben zu bedenken: »Wenn Gott allmächtig ist und gut, dann darf er doch kein Leiden zu lassen – oder? Wenn er aber gut ist und nicht allmächtig, dann ist er wohl nicht Gott.«

Tausend Fragen gehen einem durch den Kopf. Es ist so vieles unverständlich. Der christliche Philosoph Boethius hat die Frage gestellt: »Wenn es einen Gott gibt, woher kommt das Böse? Wenn es aber keinen Gott gibt, woher kommt das Gute?«

Das Leid der Welt stellt uns vor eine Reihe unpersönlicher Fragen. Das selbst erlittene Leid, aber stellt uns vor höchst persönliche Fragen. Die am meisten quälende ist wohl:

»Warum? Warum ich? Was habe ich getan? Womit habe ich das verdient?«

Menschen, die durch Leid gehen müssen, empfinden das Dasein manchmal wie eine bedrohliche Wüste. Darin gibt es zwar kleine Oasen des Glücks; sie sind aber eher die Ausnahme. Die Regel ist die Hitze des Leidens. Brennender Durst nach etwas Freude dominiert, weil tragende Freude knapp ist wie Wasser in Zeiten der Dürre.

Darum boomt die Unterhaltungsindustrie. Sie stellt Freudenersatz bereit. Aber gelitten wird weiterhin.

Das Dasein ist kein Wunschkonzert. Wir können uns unser Geschick nicht aussuchen, wie Dinge im Warenhaus. Wir wurden in eine lebensbedrohende Wüste gestellt und können ihr nicht entrinnen. In der Wüste des Lebens wird viel gelitten. Kein Wunder, dass mancher vom trostlosen Dasein spricht.

Wie trostlos ist das Dasein?

Wie trostlos ist die Wüste?

Wunder in der Wüste

Ich war in Afrika. In Namibia gibt es eine Wüste – trostloser, möchte man sagen, kann es nirgendwo sein. Nur Sand, Steine, Geröll, wenige harte, dornige Pflanzen. Das ist das Bild, das man beim ersten Hinschauen bekommt. Aber beim zweiten? Da ist etwas Besonderes zu bemerken. In all der Kargheit gibt es Leben. Mitten in der Wüste kribbelt und krabbelt es. Nicht üppig, nicht überschäumend, aber wenn man genau hinschaut, merkt man, dass die Wüste lebt.

Wir wollen genau hinschauen, in die Wüste des Leides. Da werden wir Schweres sehen, aber trostlos ist es dennoch nicht. Es gibt Zeichen des Lebens mitten im Sterben. Es ertönen Signale der Freude, mitten im Leid. Es gibt ein Lachen unter Tränen, Frohsinn bricht auf, wo scheinbar sinnlose Lasten zu tragen sind.

In Wüstenlandschaften zeigen sich Wunder. In der Wüste in Namibia lebt in endlosen Durstgebieten ein kleiner Käfer. Man sieht ihn behände über den Sand laufen. Wer nachdenkt, muss sich fragen: »Wovon lebt der eigentlich?« Es gibt weit und breit keinen Tropfen Wasser – monatelang, manchmal ein ganzes Jahr lang, keinen Regen. Da muss das kleine Wesen doch verdursten! Weit gefehlt! Abends, wenn es dunkel wird, begibt sich unser Käfer zur Ruhe. Er sucht sich eine Stelle, die ein bisschen abschüssig ist. Da richtet er sich so ein, dass er mit dem Köpfchen nach unten zeigt und mit dem Hinterteil nach oben. Bald kommt die Nacht. Vor

Morgengrauen bildet sich Tau. Ein Tautropfen entsteht auf dem hochstehenden Hinterteil des Käfers. Wenn der Tropfen eine bestimmte Größe erlangt hat, rollt er über den Rücken des kleinen Geschöpfes. Geschickt wird das köstliche Nass von den gefächerten Fühlern am Kopf aufgefangen. Unser Freund schlürft den Tautropfen in sich hinein. Davon lebt er. Oberflächlich gesehen herrscht Trostlosigkeit in der Wüste, als sei alles tot. Wer aber genau hinschaut, sieht mitten in der Wüste das Wunder des Lebens. Wer solche Wunder sehen will, muss still werden, sich hinunterbeugen.

Dass es in der Wüste Leben gibt, wird erst in der Tiefe sichtbar.

Eine bestimmte Weise, in die Tiefe zu schauen, sich zu beugen, nennt die Bibel »Demut«. Das gilt nicht nur für die Wüste. Wunder erfahren wir in der Haltung der Demut.

Noch an etwas anderes muss ich denken, wenn ich von der Wüste spreche. Es gab Menschen, die *Gott* in der Wüste gesucht und gefunden haben. Jesus ging in die Wüste, um zu beten. In früher Zeit sind Mönche in die Wüste gezogen. Wüstenväter. Wüsten werden zu Orten der Gottesbegegnung.

In der Wüste des Leides ist manch einem der ewige Gott zum ersten Mal begegnet. So schwer das Leid ist, so hat es doch oft Spuren des Heils in ein Menschenleben gegraben, bohrend, schmerzvoll, elementar. Es hat das Leben an Grenzen geführt und doch seltsam vertieft und reich gemacht.

Wirklichkeitssinn

Die Schwere des Leides darf nicht leicht geredet werden, aber bis heute erleben Menschen durch erfahrenes Leid immer wieder etwas, das man *Segen* nennt.

Segen durch Leid. Zarte Spuren der Gnade sind oft im Wüstensand des Leidens besser auszumachen als auf dem Asphalt des gewöhnlichen Lebens.

Wer empfindet es im gewöhnlichen Leben schon als Gnade, dass er atmen kann? Wir haben heute bereits unzählige Atemzüge getan, ohne auch nur ein einziges Mal darüber nachgedacht zu haben, dass wir *dadurch* begnadet sind. Aber für jemanden, der zum Beispiel an Asthma leidet, wird jeder schmerzfreie Atemzug zur Gnade. In der Wüste des Leides werden uns Wunder bewusst, für die wir sonst kein Empfinden haben.

Wer schon einmal schwer krank gewesen ist, weiß erst wirklich, welch eine Gabe die Gesundheit ist. Da erst begreifen wir das Geschenk der Gesundheit und des Lebens. Das Selbstverständlichste auf der Welt ist auf einmal gar nicht mehr selbstverständlich. Es ist eine Gabe, für die wir nicht genug danken können. Oft merken wir das erst, wenn uns das Leben das Geschenk der Gesundheit vorenthält.

Leiden schärft den Wirklichkeitssinn.

Dietrich Bonhoeffer, der bekannte evangelische Theologe, wurde kurz vor Ende des Krieges von den Nazis hingerichtet. Er hat in seiner Todeszelle Dinge entdeckt und mitgeteilt, die erstaunlich sind. Da hat er sein

Gedicht geschrieben »Von guten Mächten wunderbar geborgen, erwarten wir getrost, was kommen mag...« Zu Weihnachten 1944 schrieb er aus der Einzelhaft an seine Braut: »Es ist, als ob die Seele in der Einsamkeit Organe ausbildet, die wir im Alltag kaum kennen. So habe ich mich noch keinen Augenblick allein und verlassen gefühlt... Du darfst also nicht denken, ich sei unglücklich.«[1]

Die schweren Aufgaben, an die Gott uns stellt, so sagten die Alten, formen den Charakter. Sie erklärten es so: Ein Kilo Eisen sei nur ein paar Pfennige wert. Wenn man daraus Hufeisen schmiede, werde es auch nicht viel wertvoller. Aber wenn man Messerklingen daraus mache, bekomme es schon einen Wert von ein paar hundert Mark. Wenn man das Kilo Eisen aber zu Uhrfedern verarbeite, dann steige der Wert desselben Metalls in die Tausende. Dazu aber müsse das Eisen aufs Neue in die Glut, müsse wieder und wieder durchglüht werden. So sei es auch mit dem Menschen: Oft müssen wir in den Ofen der Not hinein; da erst formt sich der Charakter.

Es gibt ein afrikanisches Buch, das hat den Titel: »Leid und Schmerz, Gaben, die sich niemand wünscht.« Der Untertitel: »Warnung: Leben ohne Leid und Leben ohne Schmerz kann dich wirklich verletzen.«

Ich habe in Südafrika mit einem Mann gesprochen, der Lepra hatte. Leprakranke haben kein Gefühl in den Gliedern. Nirgendwo am Körper kann der Kranke Schmerzen empfinden.

»Das ist ja toll!«, könnte man denken, »da kann man sich ja nicht mehr wehtun. Kein Gefühl! Du spürst nie einen Schmerz!« Leprakranke zahlen dafür einen hohen Preis: Sie stehen ständig in der Gefahr, sich schwer zu verletzen. Wenn wir einen Leprakranken sehen und beobachten, dass ihm die Finger fehlen, liegt das daran, dass er keine Schmerzen hatte, als er dem Feuer zu nahe kam. Sie sind ihm abgebrannt oder in der Kälte erfroren. Ein Leben ohne Schmerzen ist besonders gefährdet.

Das gilt auch im übertragenen Sinn. Manchmal begegnen uns Menschen, über deren Oberflächlichkeit man erschrickt. Ihnen fehlt Tiefgang. Sie haben offensichtlich weder tiefe Freude noch tiefes Leid erlebt, oder sie sind für starke Erfahrungen unempfänglich. Es ist, als kennen sie nur die Oberfläche des Daseins.

Leid und Schmerz hingegen führen in die Tiefe, auf den Grund, prägen sich ein. So können Menschen Persönlichkeiten mit Profil werden.

»Wenn du mich demütigst, machst du mich groß«

Leiden hat im Neuen Testament einen Aspekt, von dem wir kaum noch etwas wissen. Wir werden zu Segensmenschen, wenn wir an der Hand des Höchsten durch Leidenstiefen gegangen sind. Unser Streben danach, Leiden zu vermeiden, ist nicht der Weisheit letzter Schluss.

Das wird an einem Text im Neuen Testament deutlich:

»Als aber Jesus in die Gegenden von Cäsarea Philippi gekommen war, fragte er seine Jünger und sprach: Was sagen die Menschen, wer der Sohn des Menschen ist?

Sie aber sagten: Einige: Johannes der Täufer; andere aber: Elia; und andere wieder: Jeremia oder einer der Propheten.

Er spricht zu ihnen: Ihr aber, was sagt ihr, wer ich bin?

Simon Petrus aber antwortete und sprach: Du bist der Christus, der Sohn des lebendigen Gottes.

Und Jesus antwortete und sprach zu ihm: Glückselig bist du, Simon, Bar Jona; denn Fleisch und Blut haben es dir nicht offenbart, sondern mein Vater, der in den Himmeln ist.

Aber auch ich sage dir: Du bist Petrus, und auf diesem Felsen werde ich meine Gemeinde bauen, und des Hades Pforten werden sie nicht überwältigen.

Ich werde dir die Schlüssel des Reiches der Himmel geben; und was immer du auf der Erde binden wirst, wird in den Himmeln gebunden sein, und was immer du auf der Erde lösen wirst, wird in den Himmeln gelöst sein.

Dann gebot er den Jüngern, dass sie niemand sagten, dass er der Christus sei.

Von der Zeit an begann Jesus seinen Jüngern zu zeigen, dass er nach Jerusalem hingehen müsse und von den Ältesten und Hohenpriestern und Schriftgelehrten vieles leiden und getötet und am dritten Tag auferweckt werden müsse.

Und Petrus nahm ihn beiseite und fing an, ihn zu tadeln, indem er sagte: Gott behüte dich, Herr! Dies wird dir keinesfalls widerfahren.

Er aber wandte sich um und sprach zu Petrus: Geh hinter mich, Satan! Du bist mir ein Ärgernis, denn du sinnst nicht auf das, was Gottes, sondern auf das, was der Menschen ist.« (Matthäus 16,13-23, Elberfelder Übersetzung)

In diesem Text des Neuen Testaments finden sich drei verschiedene Namen: *Simon, Petrus* und *Satan*. Es mutet an, als handle es sich um verschiedene Personen und doch ist es immer dieselbe. *Simon* – der Schwankende, der viel redet, aber auf den kein Verlass ist. *Petrus* dagegen – der Felsenmann, der Verlässliche, der, auf den man bauen kann. Er war in unmittelbaren Kontakt mit dem Schöpfer aller Dinge gekommen. Und dann auf einmal *Satan*.

Aus dem Schwankenden wird der Felsenmann, und der wird nun *Satan* genannt. Welch ein Absturz für den, der gerade noch so sehr auf der Höhe war!

Was war sein Irrtum?

Warum nennt Jesus ihn *Satan*?

Petrus wollte seinem Herrn das Leiden ersparen. Menschlich ist das mehr als verständlich. Er wollte seinen Herrn vor dem Kreuz bewahren. Jesus aber wusste: »Durch Leiden und Kreuzigung hindurch wird mir mein Vater die Krone des Sieges verleihen.«

Petrus wollte Jesus ebenfalls krönen, jedoch am Kreuzesweg vorbei. Dadurch stimmte Petrus mit dem Interesse Satans überein. Der hatte Jesus die Reiche der Welt versprochen, *am Leiden vorbei*.

Im Leiden muss besonderer Segen liegen. *Jesus hat in dem, was er litt*, so sagt die Schrift, *Gehorsam gelernt*. Aus diesem Gehorsam heraus ging er für uns ans Kreuz. So wurde er durch Leiden zum Heiland der Welt.

Darum und seitdem liegt über dem Leiden ein geheimer Glanz. Für den, der auf Gottes Seite steht, hat das Leiden segensschwere Bedeutung. Da werden aus Männern und Frauen Persönlichkeiten des Segens. Wen Gott in die Tiefe führt, dem verleiht er Segenstiefgang.

Das ist es, was wir heute brauchen: Menschen mit Tiefgang. Jesus sagt seinen Leuten: »Ich muss leiden, ich muss abgelehnt werden, ich muss verhöhnt werden, verspottet, angespuckt, gegeißelt, lächerlich gemacht, ans Kreuz genagelt.« Wer auf seiner Seite ist, dem sagt er: »Wenn jemand mit mir gehen will, der verleugne sich selbst und nehme sein Kreuz auf sich und folge mir nach. Wer mit mir gehen will, wird genau wie ich auch, sein Kreuz zu tragen haben.« Es ist als wolle er sagen: »Menschen können nicht groß werden ohne Tiefe, ohne Demütigung, ohne Schmerz.«

In der Glut des Leidens werden Persönlichkeiten geschmiedet, Segensmenschen. Auf diesem Wege durchlaufen wir verschiedene Stadien. Da sind wir Simonnaturen, schwankende Rohre, unbeständige Leute, auf die kein Verlass ist. Dann sind wir wieder Petruscharaktere, Leute, die Großes im Glauben erlebt haben und darum verlässlich erscheinen. Plötzlich aber kommen sie schwer zu Fall. Der Felsenmann strauchelt. Alles, was er tut, und alles, was er denkt, ist scheinbar verständlich, vernünftig, logisch – aber es ist satanisch. Dieser Mensch hat mit seiner satanischen Vernünftigkeit den Himmel gegen sich. Da ist es Gnade, wenn er auf den Widerstand des Dreieinigen trifft.

Manch einer ist vor Gott zusammengebrochen, ist durch tiefste Demütigung geschritten; daran aber ist er groß geworden. »Wenn du mich demütigst«, sagt im Alten Testament einer zu Gott, »machst du mich groß« (Psalm 18,36, Luther 1912).

Was ist demütigender, als vom Sohn Gottes *Satan* genannt zu werden? Durch diesen Widerstand aber, durch diese Demütigung hat er Petrus zurechtgeliebt, hat er ihn zum Segensmenschen gemacht.

Welch ein Herr! Als Sie ein schwankender Simon waren, hat er Sie geliebt. Als Sie ein starker Petrus waren, hat er Sie geliebt. Als er *Satan* sagen musste, weil Satanisches über Ihre Lippen kam, hat er Sie dennoch geliebt. Alle, die groß in Gott waren, haben Peinigungen erlitten, Demütigungen, Schmerzen und Leid.

Solche durch Leidenstiefen gebeugte Menschen gebraucht Gott in besonderer Weise. Sie haben, durch das

Leid geläutert, etwas vom Erbarmen Gottes an sich. Sie strahlen die Güte Gottes aus, können mit weitem und weichem Herzen mitempfinden, wo andere vielleicht innerlich hart wie Stein sind.

In einem Buch aus Österreich kommen einfache Leute zu Wort, keine Philosophen, aber Menschen mit gutem Verstand, die die Werte des Lebens kennen. Hier die Gedanken über eine leidgeprüfte Frau:

Witze über Schwiegermütter mag ich nicht

Ich kenne wenige Menschen, die so gütig sind wie die Mutter meines Mannes. Dabei hat sie unendliches Leid erlebt. Ihr erstes Kind – Beate – starb 3 Monate nach der Geburt. Das zweite Kind kam als Einziges durch – Hans, heute mein Mann. Sein kleiner Bruder Gerald war 1 ½ Jahre gesund; dann wurde er krank und starb als Dreijähriger. Dann kamen Zwillinge zur Welt. Einer starb bei der Geburt, beim anderen, Thomas, wagte die Mutter wieder zu hoffen. Neun Jahre ging alles gut, bis auch bei ihm die gefürchteten Symptome auftraten. Sechs Jahre litt und kämpfte er unter den Augen der Mutter gegen die Krankheit an. Mit 15 starb er. Auch der Vater blieb nicht verschont. Mit 36 Frühpension; dann verfiel er 30 Jahre lang, bis zum völligen Siechtum. Meine Schwiegermutter pflegte die Kinder und den Mann bis zum letzten Atemzug. Still und treu hat sie ihre Lieben leiblich versorgt und seelisch begleitet. Manchmal frage ich mich, wie ich wohl reagieren würde, wenn mir so viel Schweres widerfährt? Je mehr das Leid über ihre eigenen Kräfte ging, umso inniger hat sie an Gott festgehalten. Manche mögen an ihn glauben, weil sie gute Erfahrungen mit ihm gemacht haben, weil er zum Beispiel ihre Gebete erhört hat. Meine Schwiegermutter ist immer tiefer in ein unerschütterliches Gottvertrauen hineingewachsen, obwohl unzählige ihrer Gebete nicht erhört wurden. Zugleich wurde sie den Menschen gegenüber immer gütiger, feinfühliger, verständnisvoller und hilfsbereiter. Das gilt besonders gegenüber denen, die auch schwere Lasten zu tragen haben. Sie hat nie viele Worte über ihren Glauben gemacht, doch durch ihr stilles Vorbild wurde ich ermutigt nach Gott zu fragen. Das habe ich vorher nicht gekannt; ich bin sehr dankbar, dass ich durch meinen Mann diese tapfere Frau kennengelernt habe. Sie hat mich aufgenommen wie eine eigene Tochter. Versteht ihr jetzt, warum ich dumme Witze über Schwiegermütter nicht mag?[2]

Das Leid hat die Schwiegermutter nicht verhärtet. Es hat sie weich gemacht. Ihr Geheimnis: Sie hat gelernt, ihr Leiden aus der Hand Gottes zu nehmen.

Unser Glaube, sofern wir ihn haben, kann auf falsche Ziele gerichtet sein. Da wähnen wir uns im rechten Glauben, aber es hängen Dinge an ihm, die nicht dahin gehören. Der Glaube sollte wie Gold sein. Gold muss geläutert werden. Dazu kommt es in die Flamme. Die Schlacke wird weggebrannt. Ähnlich hat es jene leidgeprüfte Frau erfahren.

Trost zulassen

Religiös wollen heute viele sein, aber sie wollen eine Religiosität ohne Leiden. Sie wollen Religiosität ohne Gott: Religion »light«.

Jesus sagt: »Will mir jemand nachfolgen, der verleugne sich selbst und nehme sein Kreuz auf sich und folge mir. Denn wer sein Leben erhalten will, der wird's verlieren; wer aber sein Leben verliert um meinetwillen, der wird's finden« (Matthäus 16,24-25).

Das heißt: »Haltet euch an mich. Da geht es ohne Leiden nicht ab. Mein Weg war ein Kreuzesweg. Euer wird auch ein Weg des Kreuzes sein.«

Aber Jesus lehrt uns, mit unserem Kreuz richtig umzugehen.

Wie ist er mit seinem Kreuz umgegangen?

Er hat es angenommen. Er hat es getragen.

Jesus lehrt uns, unser Kreuz ebenfalls anzunehmen und zu tragen. Das Kreuz tötet. Es tötet meine Eitelkeit, meinen Stolz, meine Neigung, mich für besser zu halten, als ich bin.

So verschieden wir sind, so verschieden ist das Kreuz, das wir zu tragen haben. Ihr Kreuz ist vielleicht Ihr Ehemann. Er kränkt Sie, behandelt Sie zynisch und kalt. Vielleicht ist Ihr Kreuz Ihr eigenes Kind, das Sie demütigt, das Sie verzweifeln lässt. Jesus lehrt Sie Geduld. Das müssen Sie ertragen.

Schweres, das man nicht ändern kann, muss man erleiden.

Wo wir allerdings etwas ändern können, müssen wir es tun!

Der Versucher aber sagt: »Komm vom Kreuz herab! Leide nicht! Gib deine Ehe auf! Jag dein Kind aus dem Haus! Geh weg von dem, wo du leiden musst! Wirf die Flinte ins Korn! Geh den leichten Weg!«

So hat es der Böse mit Jesus versucht. Er wollte ihm die Krone nehmen. Wer kennt sie nicht die Stimme, die sagt: »Bleib nicht unter dem Kreuz!«

Jesus hat sein Kreuz auf sich genommen. Gott hat ihm dafür die Krone des Lebens gegeben: Auferstehung und ewiges Leben.

In der Kreuzesnachfolge wird dasselbe auch uns zuteil. Allen, die ihr Kreuz tragen, sagt er: »Als ich am Kreuz hing, war ich drei Tage vom größten Triumph der Weltgeschichte entfernt, von der Auferstehung.« Was immer diese drei Tage bedeuten – eines bedeuten sie bestimmt: Am Ende des Tunnels wird es hell. Ich werde gekrönt, wenn ich jetzt mit ihm leide. Leid ist unter seiner Hand nicht nur Leid. Es birgt die Erfahrung seiner Gegenwart, seines Trostes, seiner Kraft.

»In dir ist Freude, in allem Leide«, so singt es die Gemeinde unter dem Kreuz. Das finden wir nur bei ihm! So barmherzig geht er mit uns um. Zu den Zerschlagenen geht er, zu den Zerbrochenen, zu den Gedemütigten, zu denen, deren Seele weint.

In unser Leid mischen sich gern böse Geister. Da ist der Ungeist der Depression, der Mutlosigkeit, der Lebensmüdigkeit, der Ungeist bitterer Gedanken, des Selbstmitleids. Diesen befehlen wir im Namen Jesu: »Weiche!«

»Weicht, ihr Trauergeister,
denn mein Freudenmeister,
Jesus, tritt herein.
Denen, die Gott lieben, muss auch ihr Betrüben
lauter Freude sein.
Duld ich schon hier Spott und Hohn,
dennoch bleibst du auch im Leide,
Jesu, meine Freude.«[3]

Wir glauben den Trauergeistern nicht. Der, der sie uns schickt, ist ein Lügner.

Jesus Christus ist derjenige, der uns die Wahrheit zuspricht: »Ich gebe dir Ruhe, mitten im Sturm!«

Wir sind mit unserem Kreuz und Leid nicht allein. Viele tragen mit uns ihr Kreuz. Ein Wald von Kreuzen steht in unseren Orten. Darin eingewoben liegt ein reifendes Erntefeld voller Kronen.

In Matthäus 16,21 lesen wir nach der Elberfelderübersetzung: »Von der Zeit an begann Jesus seinen Jüngern zu zeigen, dass er nach Jerusalem hingehen müsse und von den Ältesten und Hohenpriestern und Schriftgelehrten vieles leiden und getötet und am dritten Tag auferweckt werden müsse.« Wenn wir seine Nachfolger sind, sind wir dies im Leiden *und* in der Herrlichkeit.

Oft bricht die Frage auf: Warum straft Gott mich mit solchem Leid?

Denen möchte ich tief ins Herz schreiben, was Gottes Wort selbst sagt: Psalm 103,10: »Er hat uns nicht getan nach unseren Vergehen, nach unseren Sünden uns nicht vergolten.« (Elberfelder Übersetzung)

»Er bestraft uns nicht für unsere Sünden und behandelt uns nicht, wie wir es verdienen.« (Neues Leben Bibel)

Das gilt Menschen, die sich mit dem Gedanken plagen, ihr Leiden wäre eine Strafe Gottes. Nein! »Die Strafe liegt auf ihm, auf dass wir Frieden hätten!« (Jesaja 53,5)

Damit sind nicht alle Fragen nach dem Leid beantwortet, aber die Frage: Warum straft Gott mich? Er tut es eben nicht: »Er bestraft uns nicht, wie wir es verdienen; unsere Sünden und Verfehlungen zahlt er uns nicht heim.«

Gott hat *seinen Sohn* gestraft, wie *wir* es verdienen. Er vertritt uns, nahm die Schuld auf sich. »Die Strafe für unsere Schuld traf ihn und wir sind gerettet.« (Jesaja 53,5, Gute Nachricht Bibel)

Das alles steht uns nicht leicht und einfach zur Verfügung. Oft trifft uns schweres Leid unvorbereitet, wie aus heiterem Himmel. Da gelingt es nicht, »Ja!« zu sagen. Da schreit es in einem und bricht oft laut über die Lippen: »Nein!«

Leid ist die große Störung des Lebens. Es zerstört Hoffnungen, Pläne, gute Gedanken und Aussichten. Es wirkt oft wie ein Feind alles Guten und Schönen, wie ein Feind des Lebens überhaupt. Und dann die Schmerzen, die das Leid verursacht...

Als der 16-jährige Thomas gestorben war, ging es wie ein Schwert durch die Seele der Mutter. So erschütternd tief, dass alle, die das miterleben mussten, hilflos danebenstanden. Hilflos danebenzustehen ist auch eine Qual. Einfach nicht helfen zu können, wie gelähmt dabei zu sein – das zeigt, wie klein der Mensch ist, wie schwach er ist, wenn es wirklich darauf ankommt.

Wer sind wir schon? Was können wir schon, wenn es wirklich darauf ankommt? Wir können zwar bald zum Mars fliegen und Milliarden Dollar dafür in Bewegung setzen. Wir können die Geisteskraft Tausender intelligenter Menschen bündeln, sodass solche Triumphe der Menschheit zustande kommen. Aber mit allen Milliarden und aller Intelligenz vermögen wir eine Mutter, die ihr Kind verlor, in ihrer Trauer nicht zu trösten. Wenn es darauf ankommt, bekommen wir nichts zustande.

Natürlich habe ich versucht, der Frau Gottes Wort zu sagen. Aber ich hatte den Eindruck, es erreichte sie nicht so recht. Vielleicht habe ich es auch falsch gesagt, zu viel oder zu wenig. Es ging alles nicht so schnell – hier die Trauer und dann im Handumdrehen der Trost. Da musste ein langes, finsteres Tal durchschritten werden. Jeder Schritt dort hindurch bedeutete Schmerz. Längere Zeit danach sah ich die Mutter wieder. »Es war sehr schwer«, sagte sie. »Es ist immer noch schwer. Aber ich weiß, unser Junge ist schon dort, wo wir es alle besser haben, als wir es hier haben können. Er ist beim Herrn.«

Eine durch schweres Leid geprägte Frau sah mich an. Aber das war nicht alles. Eine durch noch tieferen Trost Gehaltene, Gestärkte, Getröstete sprach zu mir. Was keine menschliche Kraft zustande bringt, das hatte der Auferstandene getan: eine Trauernde getröstet! Da war es Ostern geworden mitten im Herzen einer weinenden Mutter. Ein Strahl des ewigen Ostermorgens, dem wir alle entgegengehen, war in einen sterblichen Menschen gelangt und hatte ihn mit der Kraft des Ewigen berührt. Ich habe schon manches Theologische über die Auferstehung gelesen, habe selbst schon manche Osterpredigt gehalten, aber nie war mir der Glanz des Auferstandenen so nahe gekommen, wie bei dieser Begegnung. Ich war einer Zeugin der Auferstehung begegnet.

Was war mit dieser Frau geschehen?

Sie war ja einmal zum Glauben gekommen. Aber wie es so oft mit uns Menschen ist, der Glaube war vermischt mit manchen menschlichen Wünschen: »Wenn ich glaube, wird Gott meine Familie schützen.« Doch dann kam die tödliche Krankheit ihres Sohnes. Er war durch den Glauben der Mutter eben nicht geschützt. Dann hatten sie zu Hause viel gebetet: »Lieber Gott, lass unseren Jungen nicht sterben! Bewahre doch unser Kind!« Es war alles anders gekommen, als sie es sich erwünscht und erbeten hatten. Das schwere Leid hatte sich über sie hergemacht. – Das ist die eine Betrachtungsweise.

Die andere Betrachtungsweise ist diese: Die Mutter war durch ein Feuer gegangen, in dem sie selbst nicht verbrannt war, aber einiges an ihr, genauer gesagt, an ihrem bisherigen Glauben. Ihr Glaube war – menschlich völlig verständlich – verknüpft mit einem Glauben an Gottes irdische Bewahrung. Irdische Bewahrung wird uns von Gott ja auch täglich zuteil. Er überschüttet uns mit irdischer Bewahrung. – Aber er garantiert sie nicht.

Menschlich betrachtet werden wir oder liebe Menschen manchmal nicht bewahrt. Gott ist kein Talisman. Er bewahrt uns nicht vor finsteren Tälern. Er bewahrt uns aber *in* finsteren Tälern. Gold muss geläutert werden. Das hatte die Mutter unter Schmerzen erfahren müssen. Das Kind wurde ihr genommen. Ihr Glaube aber wurde dadurch von Motiven gereinigt, die dem Glauben nicht guttun, weil sie der Wahrheit nicht angemessen sind.

Sie hat es gelernt. Ich habe es von ihr gelernt. So lernen wir durch Leiden richtig glauben. Richtig glauben aber heißt auch richtig leben. In jener Mutter hat sich der Auferstandene durchgesetzt mit seiner Wahrheit und Klarheit und seinem ewigen Trost. Sie hat den Trost zugelassen. Sie war noch einmal neu zum Glauben gekommen, zum Leben, zur Auferstehung.

Geber oder Gabe?

Wie mag es vor sich gegangen sein, dass sich der Auferstandene im Herzen jener Mutter hat durchsetzen können?

Solange sie erfüllt war von dem leisen oder lauten Schrei »Nein! Nein! Nein!« – solange war sie ganz bei sich und ihrem Schmerz, bei ihrer Trauer und Trostlosigkeit. Das unaufhörliche »Nein!« bindet die Trostlosigkeit an den Trauernden. Lebe ich im beständigen »Nein!« gegenüber einer Lebenssituation, so lebe ich in beständiger *Negation*. Das, was längst eingetreten ist, was längst Wirklichkeit ist – wird innerlich abgelehnt.

Das Gegenteil von ablehnen ist annehmen. Annehmen beschreibt kein dumpfes Erleiden. Vielmehr ist das Leiden auf einmal nicht mehr ein nur passiver Vorgang. »Annehmen bedeutet Einwilligen unter Schmerzen« (Klaus Lubkoll). Zum »Ja« finden heißt, ich finde heraus aus der fortwährenden Negation. Das ist – wie in unserem Fall – ein »Ja« zu einer sehr schweren Wirklichkeit, zum unverständlichen Willen Gottes. Dieses »Ja« aber ist ein Stück Befreiung. Man kann wieder atmen.

Einwilligen in Gottes Willen – das ist das Lebensgeheimnis.

Es gibt aber auch ein ungutes Fixiertsein auf das Leiden.

Vor einigen Jahren haben wir unseren zweitältesten Sohn verloren. Er war 33 Jahre alt. Als meine Frau und ich die Nachricht bekamen, haben wir nur schreien können: »Nein, nein, nein!« Es war unendlich schwer. Dann sind die Schreie auf den Lippen verstummt, aber in uns hat es weiter geschrien. Lange, lange Zeit – Wochen, Monate. Aber wenn es in einem immer nur »Nein!« schreit und man sich für den Trost der Ewigkeit nicht öffnet, kommt man nie zur Ruhe. Dann wird es in einem trostlos. Wir haben es schmerzhaft erfahren: Wer in der Nein-Haltung verharrt, verharrt in der Negation.

Als wir ein »Ja« gefunden hatten, das Leid aus Gottes Hand zu nehmen, haben wir erlebt, wie Gott tröstet: nicht vertröstet, sondern tröstet. Das ging nicht von heute auf morgen, aber wir haben es angenommen und haben erlebt, dass es wahr ist: »Glückselig die Trauernden, denn sie werden getröstet werden«. (Mt. 5,4; Elberfelder Übersetzung)

Vielleicht gehen Sie gerade durch tiefes Leid? Da gilt es, das Schwere aus Gottes Hand anzunehmen, »Ja« sagen zu lernen, und sei es unter Tränen. Noch einmal möchte ich es Ihnen ans Herz legen: Durch das Annehmen ändert sich das Leiden; es ist dann nicht mehr ein bedrückender, passiver Vorgang. Annehmen bedeutet Einwilligen unter Schmerzen.

Die Seele kann wieder atmen.

Wenn ich ein Maler wäre, würde ich zwei Bilder malen und sie auf meine Vortragsreisen mitnehmen. An diesen Bildern würde ich verdeutlichen, was Glaube ist und was Glaube nicht ist.

Ich will Ihnen die beiden Bilder erklären.

Das *erste* Bild: Ein Mensch steht inmitten einer Landschaft. Aus den Wolken kommt ihm eine Hand entgegen. Der Betrachter sieht nur den Rücken der Hand und wie der Mensch danach greift. Ein Mensch greift nach Gottes Hand.

Das *zweite* Bild: Da ist dieselbe Landschaft. Darin steht wieder ein Mensch. Aus den Wolken kommt wiederum Gottes Hand. Sie sehen den Handrücken. Der Mensch streckt seine Hand wieder gen Himmel aus. Ein Mensch greift nach Gottes Hand.

Was ist der Unterschied? Es ist doch beide Male dasselbe Bild?

»Oh nein! Es ist ein Unterschied wie zwischen Tag und Nacht.«

Auf dem ersten Bild habe ich einen Menschen gemalt, der nach der Hand Gottes greift und nichts anderes meint: Gott. Er ist ausgerichtet auf den Schöpfer des Himmels und der Erde.

Auf dem zweiten Bild ist ein Mensch, der auch nach der Hand Gottes greift, aber – er meint gar nicht Gottes Hand. Er meint nur, was *in* Gottes Hand ist. Hier prallen zwei völlig verschiedene religiöse Welten aufeinander.

Der Letztere meint nicht den Geber. Er meint die Gabe.

Manchmal nimmt uns Gott, was wir sehr lieb gehabt haben, damit wir nicht länger die Gabe verehren, sondern den Geber. Anderenfalls wären wir ja verlorene Leute, verstoßen wir doch gegen sein erstes Gebot: »*Ich* bin der Herr, dein Gott. Du sollst nicht andere Götter haben neben mir.«

Ein Mann kann seine Frau vergöttern, eine Frau ihren Mann, eine Mutter den Sohn, ein Vater die Tochter.

Manchmal nimmt er uns, was wir vergöttern, weil wir nur so zu retten sind. »Selig sind, die da Leid tragen ...«

Die Bibel sagt: »Gott ist ein eifersüchtiger Gott!« Er ist eifersüchtig auf das, was er selbst geschaffen hat.

Wann ist er eifersüchtig?

Wenn wir unser Herz an jemanden oder etwas mehr hängen als an ihn. *Er will unser Herz.* Er will, dass wir *ihn* wollen und nicht nur, was er zu geben hat. Ob wir das wohl verstehen, dass Gott das will?

Es ist ja unter uns Menschen schon so. Stellen Sie sich vor, ein Mann hat eine Frau geheiratet. Nach Jahren wird der Frau klar, dass ihr Mann sie nicht wirklich liebt. Er hat sie nur geheiratet, weil sie mehrere Häuser besitzt. Welch tiefe Kränkung. Die Frau wird eifersüchtig auf die Dinge, um derentwillen ihr Mann sie geheiratet hat.

So empfindet Gott auch. So schildert uns die Bibel sein Herz. Das müssen wir lernen. Er ist ein eifersüchtiger Gott. Er möchte unser Herz.

Leid ist manchmal das Feuer, in dem unsere Schlacke verbrannt wird. Da fragt Gott: »Warum glaubst du eigentlich an mich? Hoffst du, dass ich dir dann das Glück deines Lebens erhalte?«

Es gibt Menschen, die glauben an Gott wie an einen Glücksbringer. Sie glauben, der Höchste sei dazu da, ihnen ein glückliches Leben zu garantieren. Unser Schöpfer ist nicht der Garant unseres irdischen Glücks. Die Mutter, von der ich vorhin erzählte, hat viel gebetet, dass Gott ihr das Kind erhält, doch er hat es nicht getan. Daran hat sie gelernt, dass Gott ihr Herz will. Weil sie ihm ihr Herz gegeben hat, ist sie barmherzig geworden.

Er will unser Herz. Er möchte, dass wir nicht um der Dinge willen, die er zu geben hat, an ihn glauben, sondern dass wir ihm um seinetwillen vertrauen. »Wenn ich nur dich habe, so frage ich nichts nach Himmel und Erde«, so steht es im Psalm 73,25. Das ist die Herzenshaltung, die Gott sich von uns wünscht.

Joni Eareckson Tada, eine Amerikanerin, ist seit einem Badeunfall als junges Mädchen querschnittsgelähmt. Sie war voller Schwung, sie wollte leben, sie wollte das Leben packen – und auf einmal konnte sie sich nicht mehr bewegen. Erst wurde sie depressiv. Sie flehte eine Freundin an, ihr Gift zu geben, damit sie sich das Leben nehmen kann. Sie wolle und könne so nicht weiterleben. Aber die Freundin hat das nicht getan.

Joni Eareckson war ein bisschen religiös. Ein bisschen religiös zu sein hilft überhaupt nichts. Sie wollte Gift. Als die Freundin das nicht mehr mit ansehen konnte, erzählte sie ihr von Jesus. Da antwortete Joni, Jesus sei nicht gelähmt gewesen.

Da rief die Freundin, dass Jesus auch gelähmt gewesen sei, Jonis wegen.

Sie sagte, als sie ihn ans Kreuz genagelt hätten, da konnte er sich genauso wenig bewegen wie Joni. Sie könne sich vorstellen, wie er versucht habe, immer wieder ein bisschen sein Gewicht zu verlagern, dass es ihm ein wenig besser gehe, aber es wäre ja nicht gegangen. »Für dich hat er da gehangen.«

Joni sagte später, das wäre der Durchbruch zu einer neuen Einstellung zu ihrem Schicksal gewesen. Plötzlich war Jesus für sie nicht mehr ein ferner Glaubensgegenstand, der weit, weit weg ist. Sie begriff: Er ist ja mitten in meinem Leben.

Wir dürfen Jesus in unser Leben und damit in unser Leid hineinlassen. Da ist er, mitten in Ihrem Leben, ob Sie leiden oder nicht, aber besonders dürfen Sie ihn erfahren, wenn Sie leiden. Er ist zuständig für Leidende, denn er hat sich an der Schuld der Welt zu Tode gelitten.[4]

Es hat Menschen gegeben, die sind an ihren eigenen Verfehlungen erstickt. Es hat Menschen gegeben, die sind wahnsinnig geworden wegen der Schwere ihrer Schuld.

Die eigene Schuld allein tragen zu müssen, ist unerträglich. Aber die Schuld einer ganzen Welt zu tragen, ist ein Leiden, für das uns jede Vorstellung fehlt. Dieses Leiden hat Christus auf sich genommen, für Sie und für mich.

Er ist zuständig für Leidende.

Leiden Sie?

Dann ist er zuständig für Sie. Er kennt jede Träne, die wir geweint haben und die wir noch weinen werden. Er kennt jeden Schmerz, der an uns nagt. Er weiß um jede Verzweiflung, die unser Innerstes aufgewühlt und erschüttert hat. Er weiß, was wir gelitten haben. Ihm ist nichts verborgen. Er hat für Sie gelitten. Das ist das himmlische Gut, das Ihr Leben trägt.

Selig sind, die da Leid tragen, denn sie sollen getröstet werden.

Haben Sie schon einmal darüber nachgedacht, was die größte Sünde dieser Welt ist? Sie besteht darin, den Heiland Gottes abzulehnen, obwohl man weiß, wer er ist und wie teuer er für uns bezahlt hat. Keine Sünde der Welt ist größer.

In Matthäus 11 steht Erschütterndes. Von zwei Städten ist die Rede, Chorazin und Betsaida. Hochanständige Bürger lebten dort. Bei ihnen ist Jesus gewesen. Er hat um ihr Vertrauen gerungen, hat um sie geworben, wie ein Bräutigam um die Braut. Aber sie haben ihn nicht gewollt – die hochanständigen Leute, religiös bis hinter die Ohren.

Und dann sagt Jesus: »Wehe dir, Chorazin! Wehe dir, Besaida! Im Gericht wird es euch schlimmer ergehen als Sodom und Gomorra.«

Sodom und Gomorra sind die schrecklichsten Städte, die man sich vorstellen kann. Warum ergeht es den beiden galiläischen Städten im Gericht schlimmer?

Jesus, der Messias, ist unter ihnen gewesen und sie haben ihn nicht gewollt. Darum sind sie schlimmer dran. So ernst ist die Lage. Darum schreibe ich auch dieses kleine Buch, damit Menschen, die es lesen, sich noch einmal überlegen, wie sie zu Jesus stehen wollen.

Wollen Sie ihn annehmen – oder nicht?

Was hindert Sie daran?

Wenn Sie ihn annehmen, werden Sie erleben: Er befreit Sie von Ihrer Schuld. In Ihrer Trauer, in Ihrem Schmerz, in Ihrem Leid werden Sie seine Gegenwart erfahren. Er ist ja nicht am Kreuz geblieben, sondern auferstanden. Durch Leiden zur Herrlichkeit. Das ist auch uns verheißen.

Dieses Leben ist ein Stück Wüste. Ein alter Liederdichter bezeichnete es als »Jammertal«. Durch Technik und Wohlstand haben wir das nur notdürftig überspielt. In Wirklichkeit wird viel gelitten.

Deshalb brauchen wir den, der uns im Leid tröstet und der uns frei macht von der Schuld, die uns bedrängt.

Sie können sich darauf verlassen: Weil Jesus die Liebe des Vaters kennt, weiß er am besten, was uns fehlt. Sein tiefstes Verlangen findet allein im Vater Erfüllung. Zugleich beobachtet er, wie Menschen in unerfüllter Gottessehnsucht stummen Götzen in die Arme getrieben werden. Alles in Jesus lehnt sich dagegen auf, dass wir um die Ewigkeit betrogen werden, weil uns die Liebe und Güte des Vaters verborgen bleibt. *Nur wer Gott kennt, wie Jesus ihn kennt, weiß, was den Menschen fehlt, wenn ihnen Gott fehlt.*

Darum ist er gekommen und sagt: »Gib mir dein Herz!«

Ich schrieb schon im vorigen Kapitel: Man kann nicht nur *über* Jesus reden, man kann auch *mit* ihm reden, und das sollten Sie tun.

Vielleicht mit Worten wie diesen:

Herr, du bist
kein Glücksbringer,
kein Glückserhalter.
Und doch gibt es kein größeres Glück,
als dir zu gehören.
Ich trage Leid.
Du allein weißt wie schwer.
Erbarm dich über mein Elend.
Ich gebe mich in deine Hand.
Bei dir bin ich mit meinem Leid
in guten Händen.
Lehre mich, »Ja« zu sagen zu dem,
was ich mir nicht gewünscht habe
und was doch gekommen ist.
Was noch kommt, weiß ich nicht.
Am Ende des Tunnels ist Licht.
Danke, dass du bei mir bleibst,
ob ich weine oder lache,
ob ich leide oder fröhlich bin.
In dir ist Freude, in allem Leide.

Danke, in dir bin ich geborgen.
Du segnest mich.
Lass mich ein Segen sein.
Amen

Seien Sie eine Zeit lang traurig über Ihr Leid. Aber lassen Sie von Anfang an Gottes Trost zu. Er wird Sie immer mehr durchdringen. Durch ihn können Sie zu einem Segensmenschen werden. Vielleicht lernen Sie sogar, eines Tages auch für die Last Ihres Lebens zu danken. Nur Menschen, die in einem engen Liebes- und Vertrauensverhältnis zu Gott leben, können von Herzen sagen: »Ich danke dir nicht nur für das Leichte, sondern auch für das Schwere.« Wir erinnern uns an den Vers aus Psalm 73,25: »Wenn ich nur dich habe«, betet einer im Alten Testament, »frage ich nichts nach Himmel und Erde.« Das zu verstehen, ist sehr schwer. Doch auf dem Weg zu diesem Ziel lädt uns der ein, der mehr ist als Himmel und Erde.

Wie lieb ist der liebe Gott?

Wo warst du, lieber Gott?

Als am 8. Mai 1945 der Zweite Weltkrieg zu Ende geht, kehrt ein deutscher Soldat in sein zerbombtes Heimatland zurück.[5] Er ist jung und schwer verletzt. Mit den wenigen Kräften, die ihm bleiben, setzt er sich hin und schreibt, schreibt, schreibt. Er versucht, sich literarisch all das von der Seele zu schreien, was sich in diesem Krieg an Lasten auf ihn gelegt hat. Er bringt Geschichten hervor, Gedichte, Hörspiele. In kürzester Zeit schafft er ein Werk, das voller Klagen ist, voller Fragen, voller verzweifelter Warnungen, voller Sorge und Not, voller Angst davor, dass so etwas noch einmal geschehen könnte, die Hölle eines solchen Krieges. Bald legt er die Feder aus der Hand. Im November 1947 bricht sein Leben ab. Mit nur sechsundzwanzig Jahren stirbt er an den Folgen des Krieges, den er in seinem Werk noch einmal durchleidet. Wolfgang Borchert, Soldat und Dichter, hat uns in seinem Werk ein Vermächtnis hinterlassen.

Sein bekanntestes Stück heißt »Draußen vor der Tür«.

Darin zeigt er uns den Soldaten Beckmann, der aus den Schrecken des Krieges nach Hause kommt. Sein Haus ist nicht mehr da, seine Familie tot. Borchert stellt in der Gestalt des Soldaten Beckmann die Frage nach dem »lieben Gott«.[6]

»Wir haben dich gesucht, Gott, in jeder Ruine, in jedem Granattrichter, in jeder Nacht. Wir haben dich gerufen, Gott. Wir haben nach dir gebrüllt, geweint, geflucht. Wo warst du da, lieber Gott?«

Aber da war kein lieber Gott.

»Der liebe Gott«.

Wie oft gebrauchen wir diese Formel in unseren Gebeten und Redewendungen. Wie ein dünnes Wässerchen sickerte die religiöse Phrase in alle Schichten und Kreise unserer deutschsprachigen Bevölkerung ein: »Der liebe Gott«, »der liebe Gott«, »der liebe Gott«. Alle reden vom »lieben Gott«.

»Ach, du lieber Gott«, heißt es da.

»Der liebe Gott wird es schon machen.«

»Der liebe Gott wird uns helfen und unsere Feinde strafen.«

»Kind, wenn du nicht brav bist, sieht es der liebe Gott.«

Solches Gerede hat Schaden unter uns angerichtet. Die Haltung, die dahinter steht, ist Seelen mordende Verniedlichung, Verharmlosung des Schöpfers aller Welten! Es ist die Haltung, die den allein Heiligen immer kleiner macht, so klein, bis wir ihn in der Hand haben, fest im Griff. Wo der religiöse Mensch Gott im Griff hat, da macht er Gott zu seinem Mittel, dessen er sich bedient, um seine oft recht unfrommen Zwecke zu erreichen.

Wir haben aus Gott, der die Mitte ist, ein Mittel gemacht.

Doch der Schöpfer des Universums ist kein Mittel für religiöse Leute. Die Mitte aller Dinge lässt sich nicht ungestraft missbrauchen. Wir müssen umdenken.

Welch ein Wesen offenbart sich, wenn Menschen Gott zu ihrem Mittel machen?

Es ist das Wesen des Heidentums. Heidentum ist nicht in erster Linie ein Problem unserer Gesellschaft. Es ist *das* Problem in unserer Kirche.

Heidentum gibt sich im christlichen Abendland christlich, in der evangelischen Kirche evangelisch, in der katholischen Kirche katholisch. Heidentum ist da, wo man den, der die Mitte ist, zum Mittel macht. Die Kirche, deren Mitglied ich bin, ist voll vom Missbrauch des Ewigen. Ich bin es auch. Es scheint nur allzu leicht, ihn zu missbrauchen!

»Der liebe Gott« – der ist handlich, griffig, umgänglich. Er lässt sich zu vielen Anlässen gut verwenden.

Den Heiligen zu verharmlosen hat böse Folgen. Die verniedlichende Phrase hat uns in die Irre geführt. Der liebe Gott existiert in den Hirnen, aber nicht in Wirklichkeit. Der *liebe Gott* ist tot. Und er muss tot bleiben.

Der liebe Gott ist tot

Es hat Zeiten gegeben, da gab es ihn noch. Die Alten sprachen von ihm und sie haben an ihn geglaubt. Kindern sang man ein Lied über ihn vor. Man lehrte sie, mit dem »lieben Gott« zu reden. Dann wurden die Kinder groß. Sie »durften« Soldaten sein. Mit dem lieben Gott im Herzen ging es gläubig in den Krieg. Da begann das große Sterben. Leichen lagen in Löchern und Gräben. An Grausamkeiten entzündete sich Grauen. Entsetzliches produzierte Entsetzen. Der liebe Gott hatte nicht den Himmel auf Erden kommen lassen. Der Teufel hatte die Hölle zur Welt gebracht.

Der liebe Gott aber hatte sich wie ein alter Mann davongeschlichen.

So stellt es Borchert in »Draußen vor der Tür« dar: Gott ist wie ein alter Mann, der die Welt nicht mehr versteht. Irgendwo in den Löchern von Stalingrad, in einer Gaskammer von Auschwitz, in einer Hütte von Vietnam, auf den Straßen von Kalkutta und in den Bergen Afghanistans, im ehemaligen Jugoslawien oder in Tschetschenien, irgendwo dort, hat der Alte seinen Geist aufgegeben. Der liebe Gott ist tot.

Darum konnte ihn auch niemand finden, der mit Glauben an ihn in den schrecklichen Krieg gezogen war.

»Oh, wir haben dich gesucht«, sagt der zerbrochene Beckmann. »Wir haben dich gesucht, Gott, in jeder Ruine, in jedem Granattrichter, in jeder Nacht. Wir haben nach dir gerufen, Gott. Wir haben nach dir gebrüllt, geweint, geflucht. Wo warst du da, lieber Gott?«

Nein, da war er nicht. Da waren nur das Grauen und die Angst und das Entsetzen. Und die mit dem Glauben an den lieben Gott, die erfuhren, dass sie einer schrecklichen Täuschung erlegen waren. Es gab ihn nicht, den »lieben Gott«, jedenfalls nicht dort, wo man ihn wirklich gebraucht hätte.

Die Mutter zu Hause aber hatte doch gesagt: »Der liebe Gott wird immer bei dir sein.« Sie aber waren allein gelassen worden – schrecklich allein. Der Pfarrer hatte doch erklärt: »Der liebe Gott wird euch immer helfen.« Aber sie haben mit zerrissenen Leibern stundenlang um Hilfe geschrien. Da war keine Hilfe. Und die fromme Tante Ida hatte behauptet: »Der liebe Gott wird dich immer beschützen.« Aber der liebe Gott war ausgeblieben mit seiner Nähe, mit seiner Hilfe, mit seinem Schutz. Er war einfach ausgeblieben.

Wo hatte er sich herumgetrieben, als die Granaten explodierten? Wo hatte er sich herumgetrieben, als die Hölle durch die Schützengräben wütete? Wo hatte er sich herumgetrieben, als die nackte Angst umhergeisterte wie ein Gespenst?

Wo hatte er sich herumgetrieben?

Er war wohl zu Hause geblieben, bei der gläubigen Mutter, bei der frommen Tante Ida und beim Pfarrer. In ihren Herzen war er weiterhin lebendig, während er in den Gräben, Löchern und im Bombenhagel längst gestorben war. Der »liebe Gott« ist tot. Die Mutter und der Pfarrer und die fromme Tante Ida, die haben es nur noch nicht gemerkt.

Wir können uns das süß-sentimentale Gerede vom »lieben Gott« nicht mehr leisten. Dazu sind die Schrecken zu groß, die das vergangene 20. Jahrhundert hinter sich gebracht hat. 65 Millionen Tote allein in den beiden Weltkriegen und während der Hitlerzeit. Jeder Idylle um den lieben Gott ist der Boden entzogen. Jeder Eia-Popeia-Frömmigkeit ist der Wind aus den Segeln genommen. Wir können nicht mehr gedankenlos vor uns hinglauben. Es gibt keinen redlichen Gottesglauben mehr, der ohne Erschütterung und ohne Anfechtung wie ein Panzer durch die Landschaft dieses Lebens rollen könnte.

Der traditionelle christliche Glaube der letzten Jahrhunderte hat Federn lassen müssen im Feuer der Kriege und der Katastrophen unserer Zeit.

Da haben sich christliche Traditionen, christliche Vorstellungen und Meinungen wie ein religiöser Efeu um ein Gebäude gerankt, um das Gebäude vom »lieben Gott«.

Dann aber ist dieses Gebäude verrottet und verfallen. Der fromme Efeu hat das Haus nicht abstützen können, weil es in seinen Grundfesten erschüttert war. Das einstürzende Gebäude riss dann auch das christliche Meinungsgeranke mit sich in die Tiefe. Da liegt es nun am Boden. Es ist zum Wildwuchs geworden, der noch ein paar seltsame Blüten treibt. Aber einen Halt hat es nicht mehr. Das jahrhundertealte Gebäude einer Vorstellung vom »lieben Gott« ist verfallen. Es gibt ihn nicht mehr, den lieben Gott.

Eine maßlose Enttäuschung hatte sich bei denen breitgemacht, die damals so getäuscht worden waren. Ich weiß das noch. Neun Jahre war ich alt, als der Krieg zu Ende ging. Da habe ich junge Männer erlebt, stand mit offenen Ohren dabei, als sie sagten: »Ich glaube nie mehr jemandem etwas, keinem Führer, keinem Papst, keinem Glauben, keiner Religion, keiner Kirche. Ich glaube niemals mehr!«

Zerstörtes Vertrauen ist wie eine zerschlagene Fensterscheibe. Die ist nicht mehr zu reparieren. Da müsste schon eine neue Scheibe her. Die Splitter und Bruchstücke der alten wirft man am besten auf den Müll.

Ähnlich sagt es Wolfgang Borchert: »Wir kennen dich nicht mehr so recht. Weißt du, du bist ein Märchenbuch-lieber-Gott. Heute brauchen wir einen neuen, weißt du, einen für unsere Angst, einen für unsere Not, einen ganz, ganz neuen.«

Der alte, liebe Gott ging in die Brüche. Zerstörtes Vertrauen ist wie zertrümmertes Glas. Wer will daran noch herumflicken? Am alten, lieben Gott ist nichts mehr zur retten. So schmerzlich es sein mag. Er gehört auf den Müllplatz der Geschichte.

So ist das damals gewesen. Viele standen, was ihren Glauben an den lieben Gott betraf, maßlos enttäuscht vor einem Scherbenhaufen. Andere hatten triumphiert. Die hatten es schon immer gewusst. Sie hatten augenscheinlich recht behalten. Der Glaube an den lieben Gott hatte nicht durchgetragen. Gott war nicht lieb gewesen.

Hören wir den Soldaten Beckmann im Gespräch mit diesem lieben Gott: »Wann bist du eigentlich lieb, lieber

Gott? Warst du lieb, als du meinen Jungen, der gerade ein Jahr alt war, als du meinen kleinen Jungen von einer brüllenden Bombe zerreißen ließest? Warst du da lieb, als du ihn ermorden ließest, lieber Gott?« –

Dann sagt Gott: »Ich habe ihn doch nicht ermorden lassen.« –

Beckmann: »Nein, richtig, du hast es nur zugelassen. Du hast nicht hingehört, als er schrie und als die Bomben brüllten. Wo warst du da eigentlich, als die Bomben brüllten, lieber Gott? Oder warst du lieb, als von meinem Spähtrupp elf Mann fehlten, elf Mann zu wenig, lieber Gott und du warst nicht da, lieber Gott. Die elf Mann haben gewiss laut geschrieen in dem einsamen Wald, aber du warst nicht da, einfach nicht da, lieber Gott. Warst du in Stalingrad lieb, lieber Gott? Warst du da lieb, wie? Ja, wann warst du denn eigentlich lieb, lieber Gott? Wann?«

Das kann kein lieber Gott sein, der so etwas zulässt! Da ist Wolfgang Borchert nicht der Erste, der das denkt und der das sagt und der das hinausschreit. Und so wird der sogenannte liebe Gott weggefegt wie ein altes Utensil, das man nun nicht mehr braucht und nicht mehr will.

Nun möchte auch ich meine Bibel nehmen und sie auf dem Scheiterhaufen weltweiter, maßloser Enttäuschung verbrennen. Sie hat uns genarrt, hat uns fromm eingelullt, hat uns Honig um den Bart geschmiert. Ich werfe sie am liebsten ins Feuer.

Nun, ehe ich es tue, blättere ich noch einmal in den alten Seiten. Wehmut und Bitterkeit mischen sich in mir, Trauer und Ekel zerren an meiner Seele. Ich blättere in den alten Seiten.

Ich suche und ich suche. Ich suche jetzt dieses verlogene Gerede vom lieben Gott. Und wenn ich es gefunden habe, spucke ich drauf.

Ich blättere und blättere und ich suche und suche. Und plötzlich sagt mir dieses Buch: »Da kannst du lange suchen!«

»Wieso denn? Du musst doch nur so triefen vom lieben Gott.«

Es ist etwas Überraschendes festzustellen: Nirgendwo in der Heiligen Schrift findet sich die Bezeichnung »der liebe Gott«. Nirgendwo steht das in der Heiligen Schrift. Die Heilige Schrift ist eine ganze Bibliothek. »Der liebe Gott«, das kommt in der Bibel nicht ein einziges Mal vor.

Das gibt zu denken.

Es ist nicht nur wichtig, was in der Bibel steht, es ist auch wichtig, was in der Bibel *nicht* steht. Die verharmlosende, sentimentale Bezeichnung kommt in der Bibel nicht vor.

Was sagt die Bibel damit?

Dass es ihn nicht gibt, diesen »lieben Gott.«

Ja aber, das kann doch nicht sein. Wir haben doch Jahrzehnte, Jahrhunderte von ihm gesprochen!

Ja, wir sind Jahrzehnte und Jahrhunderte das Opfer einer pseudoreligiösen Phrase geworden.

Frommen Phrasen geht man auf den Leim, wenn man dem Wort Gottes ausweicht.

Jeder Mist wird heute gelesen und geglaubt, nur nicht Gottes Wort. Wann werden wir wieder Bibelleser? Bibellesen hilft uns, Persönlichkeiten zu werden, die der Wahrheit begegnen?

Dem Wort Gottes auszuweichen, ist verhängnisvoll. Das Wort Gottes zu ignorieren bedeutet, dass man die Wahrheit nicht zur Kenntnis nimmt. Unmerklich beginnen wir, mit falschen Maßstäben zu messen. So bekommen wir ein verkehrtes Bild von der Wirklichkeit.

Ein schlichter, aber weiser Christ wurde einmal gefragt: »Woher haben Sie Ihren Durchblick? Wenn man Sie hört, muss man staunen, wie Sie das Leben und die Welt beurteilen. Woher haben Sie das?« –

Seine Antwort: »Die Bibel ist mein Lebensbuch.«

Das sollte sich herumsprechen – *Bibelleser wissen mehr*. Sie lesen ihre Zeitung anders. Unter Bibellesern wäre auch die religiöse Phrase »der liebe Gott« nicht aufgekommen. Würde unser deutsches Volk die Bibel kennen, wäre sie dieser Phrase nicht auf den Leim gekrochen. Nur das biblische Wort wäre in der Lage gewesen, solche Verniedlichungen zu korrigieren. Das aber wurde nicht gelesen.

Der liebe Gott ist tot?

Es hat ihn nie gegeben.

Der liebe Gott, das war der, mit dem wir alles machen konnten. Wir benutzten ihn gerne als Mittel zum Zweck, zum Beispiel als verlängerten Zeigefinger der

Eltern: »Sei brav mein Kind, sonst straft dich der liebe Gott.«

Wir haben Gott zum Mittel gemacht und übersahen, dass er die Mitte ist.

Der liebe Gott ist tot. Wer aber ist der lebendige Gott?

Wer ist der lebendige Gott?

Wer ist nun der lebendige Gott? Was steht über ihn in der Bibel?

Programmatisch schreibt Paulus im ersten Kapitel des Römerbriefs (Rö. 1,18): »Denn es wird offenbart Gottes Zorn vom Himmel her über alle Gottlosigkeit und Ungerechtigkeit der Menschen.«

Das ist ein anderer Ton! Gottloses Wesen!

Haben wir ein gottloses, das heißt, abgrundtief böses Wesen?

Ja! Das geht sogar tief in unsere Religiosität, in unsere Kirchlichkeit hinein. Gottes Zorn ist offenbart über unser gottloses Wesen, über alle Ungerechtigkeit der Menschen.

Gibt es das, Ungerechtigkeit der Menschen?

Die Welt ist voll davon. Über das, wovon die Welt voll ist, ist der Zorn Gottes offenbar.

Zorn Gottes, das heißt, Gott und Mensch stehen wie Feinde gegeneinander.

Das ist unheimlich.

Wenn Gott ist, wenn da ein Schöpfer ist, der das Universum schuf, Materie und Antimaterie, den kleinen Kosmos, den großen Kosmos und das winzige Atom, die Pflanze, das Tier, den Menschen – wenn da ein Schöpfer ist, dann ist keine Katastrophe größer als die, dass der Schöpfer und die Schöpfung wie Feinde einander gegenüberstehen. Da ist etwas kaputtgegangen. Schöpfer und Schöpfung, das ist kein Miteinander, das ist ein Gegeneinander; das ist nicht Freundschaft, sondern Feindschaft; das ist nicht höchste Harmonie, sondern tiefste Dissonanz.

Das Reden vom süßen, lieben Gott wird hier gegeißelt, dass die Fetzen nur so fliegen. Da ist keine weiche Figur. Da ist heiliges, verzehrendes Feuer. Da ist nicht pflaumenweiche Güte Gottes. Da ist unerbittlicher göttlicher Zorn.

Noch einmal: »Es ist offenbart der Zorn Gottes vom Himmel über alle Gottlosigkeit und Ungerechtigkeit der Menschen, weil sie alle die Wahrheit in Ungerechtigkeit verkehren.«

Das ist die Katastrophe dieser Welt, sagt Gottes Wort: Zorn Gottes über den Menschen.

Seinen Zorn sollten wir nicht verstehen, als wäre da ein Gott, der im Himmel herumwütet, seine Blitze auf die Erde schleudert und alles entzweischlägt.

Nein! Der Zorn Gottes – das ist das Unheimliche – gibt uns Auskunft über uns selbst. Der Zorn Gottes besteht darin, dass er den Menschen gewähren lässt. Gott lässt den Menschen tun, was er – einmal von Gott abgefallen – von seinem Wesen her nicht anders tun kann. Das ist alles.

Im ersten Kapitel des Römerbriefs steht der schreckliche Satz: »Darum hat Gott die Menschen dahingegeben.«

»Dahingegeben« – wohin?

An sie selbst!

Das ist alles. Er überlässt die Menschheit sich selbst. Darin besteht Gottes Zorn. Wenn der Mensch sich nur selbst will, dann soll er sich auch nur selbst haben. Damit aber beginnt die Hölle auf Erden.

Gott richtet, indem er den Menschen gewähren lässt, ihn dahingibt an sich selbst.

Wohlstand ohne Gott wird zum Verderben. Wir erleben es doch.

Wir ersticken im Wohlstandsmüll. Fortschritt – wie sehr haben wir ihn herbeigesehnt – Fortschritt ohne Gott wird zum Verderben. Es gibt kein größeres Gottesgericht, als dass wir fern von Gott leben müssen, an uns selbst dahingegeben.

Da stehen wir nun mit unserem niedlichen Gottesbild. Irgendwann begreifen wir, dass angesichts dieser schrecklichen Welt das süße Gottesbild vorne und hinten nicht passt.

Dann sagen wir: »Das will ein lieber Gott sein? Mit dem wollen wir nichts zu tun haben. Der passt uns nicht. Der süße Rauschebart-liebe-Gott, der passt nicht in das Leid der Welt, und das Leid der Welt passt nicht zu diesem Rauschebart. Das Leid der Welt passt nicht zum lieben Gott. Wir werfen den *lieben Gott* über Bord.«

Vielleicht wird klar, wen wir da über Bord geworfen haben. Eine Gotteskarikatur, aber doch nicht den lebendigen Gott. Den können wir nicht verwerfen. Der aber kann eine ganze Menschheit verwerfen.

Wie oft bin ich gefragt worden: »Warum lässt Gott das Leid zu? Warum lässt Gott die Kriege zu, das Chaos, die Zerstörung und so viel Finsternis?«

Warum lässt Gott die Kriege zu?

Weil jenseits von Gott nun einmal Kriege sind, denn Gott ist Frieden. Wenn wir uns von Gott abwenden, dann wendet sich der Friede von uns ab. In der Abwendung des Friedens aber ist Streit, ist Krieg. Jeder Krach, den ich in meiner Ehe hatte, hatte immer etwas mit meiner Gottlosigkeit zu tun und mit der Gottlosigkeit meiner Frau.

Wo sich Gottlosigkeit durchsetzt, setzten sich Streit und Krieg durch, denn Gott ist Frieden.

Warum ist so viel Chaos unter uns?

Weil jenseits von Gott Chaos ist, denn Gott ist Ordnung.

Warum gibt es so viel Zerstörung?

Weil jenseits von Gott Zerstörung ist, denn Gott ist Heil.

Welch ein Irrsinn! Wir sagen: »Wenn Gott Liebe ist, dann dürfte es Kriege und all das Schreckliche nicht geben.« Aber es gibt doch gerade darum all das Schreckliche, weil wir Gott, der Liebe ist, nicht wollen. Will ich die Liebe nicht, bleibt mir nur der Streit, der Hass, dann bleibt nur der Krieg. Will ich Gott nicht, bleibt nur die Gottlosigkeit. Die aber ist die Zerstörung des Menschen.

»Das will ein Gott der Liebe sein?«, schrie ein junger Mann mich an. Dann erzählte er, wie er als Kind herumgestoßen und dauernd geschlagen wurde. »Das will ein Gott der Liebe sein?«

Ich konnte ihm nur sagen: Als du dauernd geprügelt wurdest, hast du nicht Gott, da hast du Gott*losigkeit* erlebt. Die ist nämlich erlebbar.

Gottlosigkeit ist nicht ein Mangel an Religiosität, den man lächelnd verschmerzen kann. Es ist eine brutale Sache, in einer Welt zu leben, die gottlos ist.

Nun denke ich weiter nach über den, der eine so schlimme Kindheit hatte. Er wird vielleicht auch einmal Kinder haben. Wie er sie wohl behandeln wird? Selbst hat er schwer unter den Schlägen seines Vaters gelitten.

Voraussichtlich wird er seine Kinder wiederum schlagen, wie er geschlagen wurde.

Seine unschuldigen Kinder? Ja, seine unschuldigen Kinder!

Sofort begehrt es in uns auf: *Das will ein Gott der Liebe sein?*

Wenn wir Bibelleser wären, wüssten wir mehr. Gott hat gesagt, wie er ist: »Ich, der Herr, dein Gott bin ein eifernder Gott, der die Sünden der Väter heimsucht an den Kindern bis in die dritte und vierte Generation.«

Damit ist klargemacht: »Ich habe euch doch gesagt, wie ich bin. Ich habe es euch gesagt, damit ihr euch von Sünde und Schuld fernhaltet und gleichzeitig eure Kinder vor dem Verderben schützt, das eure Schuld nach sich zieht.«

Aber wer von uns hat schon nach Gott gefragt, als wir sündigen wollten? Wer richtet sich denn nach ihm?

Der Ewige sagt: »Ich bin Gott!« Der Schöpfer richtet sich doch nicht nach dem Geschöpf. Wir, die Geschöpfe, müssen uns nach dem Schöpfer richten. Oder muss er sich nach den Vorstellungen richten, die gottlose Leute sich von ihm machen?

Weil er Gott ist, werden wir ihn nicht billig los.

Gottesnähe bekommen wir geschenkt. Gottesferne aber müssen wir teuer bezahlen. Warum taumelt die Weltgeschichte immer größeren Katastrophen entgegen? Weil wir die selbst gewählte Gottesferne teuer bezahlen müssen. Studieren wir einmal die Geschichte unter diesem Aspekt. In dem Maße, wie die Menschheit sich programmatisch vom Glauben an Gott losgesagt hat, wuchsen Hass, Zorn und Mord in unserer Welt. Wir brauchen uns nur bei den Zukunftsforschern zu erkundigen, wie teuer wir heute die Gottesferne bezahlen, wir und die Generationen nach uns.

Das ist Gottes Zorn. Er hat die Menschen dahingegeben. Er hat die Menschen sich selbst überlassen, und jetzt geht es bei uns zu wie bei den Ratten. Nehmen Sie zwei Rattenvölker und bringen Sie die zusammen in einen Rattenkäfig. Die Tiere zerfleischen sich gegenseitig. Es geht bei uns zu wie bei den Ratten.

Wir seien an uns selbst dahingegeben, sagt die Bibel. Ein schreckliches Wort. Nun häuft der Mensch Schuld auf Schuld. Die lastet schwer.

Wer ist der lebendige Gott? – Er ist der Gott des Zornes *über alle Ungerechtigkeit der Menschen.*

Die Heilige Schrift verbreitet keine süßliche Stimmung, wenn sie von Gott spricht. Im Gegenteil: »Schrecklich ist's, in die Hände des lebendigen Gottes zu fallen« (Hebräer 10,31). Gott ist ein Gott des Zornes. Er hat uns an uns selbst dahingegeben.

Wenn wir im Römerbrief weiterlesen, steht uns das schreckliche Wort »dahingegeben« drei Kapitel später erneut vor Augen: Ich möchte es nicht mehr sehen, möchte die Augen schließen vor dieser grauenhaften Vokabel.

Aber was ist das?

Hier erscheint es in einem neuen Zusammenhang. Da sind nicht Menschen an sich selber dahingegeben. Auf einmal steht dort: *Er* ist dahingegeben. *Er ist um unsrer Sünden willen dahingegeben und um unsrer Rechtfertigung willen auferweckt* (Römer 4,25).

Von wem ist da die Rede? Mit wem wird dieses schreckliche *Dahingegeben* in Zusammenhang gebracht?

Wer ist *Er*?

Er ist der, nach dem die Christen sich nennen und den dennoch kaum noch einer kennt: Christus. *Er ist dahingegeben*, um unserer *Sünde* willen *dahingegeben*.

Immer wieder muss Paulus darauf zu sprechen kommen: Römer 8,32: »Der auch seinen eigenen Sohn nicht verschont hat, sondern hat ihn für uns alle dahingegeben – wie sollte er uns mit ihm nicht alles schenken?«

Galater 1,4: »Der sich selbst für unsre Sünden dahingegeben hat, dass er uns errette von dieser gegenwärtigen, bösen Welt nach dem Willen Gottes, unseres Vaters.«

Galater 2,20: »Ich lebe, doch nun nicht ich, sondern Christus lebt in mir. Denn was ich jetzt lebe im Fleisch, das lebe ich im Glauben an den Sohn Gottes, der mich geliebt hat und sich selbst für mich dahingegeben.«

Unser *Dahingegebensein* wird aufgehoben, durchkreuzt dadurch, dass nun ein anderer *dahingegeben* ist.

Gottes Zorn ist schrecklich. Sein Zorn hat den Galgen des ewigen Gerichts in diesen Globus gerammt. Das Kreuz von Golgatha ist der Galgen der Weltgeschichte. An diesen Galgen gehört jeder Mensch.

Nur einer nicht!

An diesen Galgen nagelt der ewige Gott *den* einzigen Menschen, in dessen Leben kein gottloses Wesen war, bei dem es keine Ungerechtigkeit gab. Ihn nagelt der Weltenschöpfer ans Kreuz. Er ist der Einzige, der für uns alle bezahlen kann und der bezahlt hat.

Ich kann nicht einstehen für die Schuld meiner Kinder. Ich bin schuldig an meiner eigenen Schuld. Für mich kann nur einer einstehen, der vor Gott nicht schuldig wurde. Und so hat Gott ihn dahingegeben, für uns alle. So schrecklich ist der Zorn Gottes. Gott drückt kein Auge zu, weil es seiner göttlichen Gerechtigkeit einfach unmöglich ist. Sonst wäre er nicht gerecht. Das ist ein ehernes Gesetz Gottes: Auf Sünde steht Tod. Und es wird gestorben. Wer mit seinem Leben gesündigt hat, der muss wissen: Das kann nur mit Leben gesühnt werden; das aber heißt: durch Blut. Das ist die Heiligkeit, die Schrecklichkeit Gottes.

Zwei Hände hängen am Kreuz. Sie sind durchgebohrt. Sie sehen aus wie meine Hände. Meine Hände gehören ans Kreuz. Unsere Hände. Unsere Hände, mit denen wir Dinge getan haben, die uns schuldig machten vor Gott und den Menschen. Unsere Füße sind da angenagelt, mit denen wir böse Wege gegangen sind. Und unser Haupt ist es, in das diese Dornenkrone gedrückt ist. Die Dornenkrone ist das Gericht über alles Denken der Menschen. Was haben wir schon alles gedacht!

Plötzlich aber sind es nicht meine Hände und nicht Ihre, nicht meine Füße und nicht Ihre, nicht mein Haupt und nicht Ihres – es sind die Hände Jesu Christi, des Sohnes Gottes, seine Füße und sein Haupt. Billiger ging es nicht.

So schrecklich ist Gottes Zorn?

Ja, so schrecklich ist Gottes Zorn!

So wunderbar ist seine Liebe?

Ja, so wunderbar ist seine Liebe!

Die Christen vor uns haben erkannt, dass Gott ein dreieiniger Gott ist. Er ist ein Gott in drei Erscheinungsweisen. Am Kreuz hat Gott nicht einen anderen bluten lassen. Am Kreuz, da hat er selbst geblutet. Nicolás Gómez Dávila sagt: »Der Mensch hat nur Bedeutung, wenn es wahr ist, dass ein Gott für ihn gestorben ist.«[7]

Am Kreuz endet das Märchen vom lieben Gott, den wir gebrauchen können als Mittel zum Zweck. Gott ist ein heiliges Feuer. Da hängt ein Bündel Elend auf Golgatha: Christus. Unser Sündenelend hat er sich auf den Leib gezogen, so sehr, dass Paulus später sagt: *Er ist für uns zur Sünde gemacht.* In dieser Elendsgestalt hängt unsere Sünde am Galgen. In ihm wird unsere Schuld gestraft, gerichtet und gehängt.

Was aber bedeutet das?

Gott straft nicht mehr nach unserer Schuld. Das bedeutet es! Ein anderer hat für uns alle Tiefen, alle

Verzweiflung, alle Angst auf sich geladen, der, den wir den Sohn nennen.

Am Kreuz von Golgatha schreit er in die Welt: »Mein Gott, mein Gott, warum hast du mich verlassen?«

Wir könnten uns wieder hinstellen und sagen: »Das will ein Gott der Liebe sein, der seinen unschuldigen Sohn für uns bluten lässt? Hatte er keinen anderen Weg? Kann er nicht einfach fünfe gerade sein lassen?«

Offensichtlich nicht, sonst hätte er es getan. Der allein Gerechte kann nicht vom Wege der Gerechtigkeit abweichen. Seine von ihm geforderte Gerechtigkeit muss erfüllt werden. Weil wir sie nicht erfüllen können, erfüllt er sie für uns.

»Mein Gott, mein Gott, warum hast du mich verlassen?«

Ich ahne, warum der Heilige den Unschuldigen verlassen hat: Am Kreuz hat Gott seinen Sohn in meine Gottlosigkeit gestoßen und in die Gottlosigkeit einer ganzen Welt.

Ich sehe vor meinem inneren Auge, wie Gott ihm von Ewigkeit her *mein* Leben zeigt: »Da, dieser Junge, dieser junge Mann, dieser alte Mann, er wird die Gottlosigkeit wählen, immer wieder. Er stolpert bewusst und doch so ahnungslos in die äußerste Gottverlassenheit. In diese seine Gottverlassenheit stoße ich mich in meinem Christus hinein. Wenn der Verlorene dort nun stürzt und zu zerschmettern droht, sollst du bei ihm sein, sollst ihn auffangen, bewahren vor dem äußersten Verderben.«

Die Gottverlassenheit Jesu auf Golgatha ist nicht seine eigene. Meine Gottverlassenheit ist es und Ihre und die der ganzen Welt. Da hinein hat Gott seinen Sohn gestoßen.

»Mein Gott, mein Gott, warum hast du mich verlassen?«

Das geht über unser Begreifen hinaus. Ich würde keines meiner Kinder für andere hergeben, niemals. Doch wir leben davon, dass Gott anders ist. Er gibt uns seinen Sohn, hat ihn am Kreuz für uns alle *dahingegeben*, in die Nacht unserer Gottverlassenheit.

Am Kreuz von Golgatha verbrennt der »liebe Gott«. Aber am Kreuz von Golgatha da brennt die Liebe Gottes.

Anhang

1 Dietrich Bonhoeffer – Maria von Wedemeyer, 1943–1945: Brautbriefe Zelle 92. , Verlag C. H. Beck, München, S. 208.
2 Text aus »Leben Gewinnen«, Ökumenische Initiative 98 +, Vereinsdruckerei Steyr GmbH, S. 42.
3 6. Strophe von »Jesu, meine Freude«, Text: Johann Franck, 1653.
4 Frei nacherzählt nach David Seamands unter http://cmvm.de/wordpress/10654-jesus-war-auch-gelahmt.
5 Wolfgang Borchert, Draußen vor der Tür und Ausgewählte Erzählungen, Wien: Karolinger, 1956.
6 Das ganze Kapitel beruht auf einem Vortrag von Klaus Eickhoff »Der liebe Gott ist tot« im Offenen Abend, Stuttgart, am 20. Mai 1976.
7 Nicolás Gómez Dávila, Aufzeichnungen des Besiegten. Fortgesetzte Scholien zu einem inbegriffenen Text. Wien: Karolinger, 1994, S. 41.

Steffen Kern

Warum das Leid?
Unsere Sehnsucht nach Hoffnung

Gebunden, 10,5 x 16,5 cm, 176 Seiten
Nr. 395.260
ISBN 978-3-7751-5260-0

Der Amoklauf von Winnenden, das Erdbeben auf Haiti oder ein Schicksalsschlag in unserem eigenen Leben – es gibt so viel Leid in dieser Welt. Und das lässt sich nicht weglächeln. Es ist wie ein Stachel in der Seele. Fragen kommen auf: Wo warst du, Gott? Wie kann ein liebender Gott das zulassen? Oder auch einfach nur: Warum? Steffen Kern sucht Antworten, die standhalten und existenziell tragen. Und er ermutigt zu einem Leben in einer unvollkommenen Welt.

Bitte fragen Sie in Ihrer Buchhandlung nach diesem Buch!
Oder schreiben Sie an: SCM Hänssler, D-71087 Holzgerlingen;
E-Mail: info@scm-haenssler.de; Internet: www.scm-haenssler.de